BEI GRIN MACHT SICH IHR WISSEN BEZAHLT

AF138485

- Wir veröffentlichen Ihre Hausarbeit,
  Bachelor- und Masterarbeit

- Ihr eigenes eBook und Buch -
  weltweit in allen wichtigen Shops

- Verdienen Sie an jedem Verkauf

Jetzt bei www.GRIN.com hochladen und kostenlos publizieren

Human Computer Interaction (HCI). User Interface in der Automotive-Branche

Giulia Cesare

Bibliografische Information der Deutschen Nationalbibliothek:

Die Deutsche Nationalbibliothek verzeichnet diese Publikation in der Deutschen Nationalbibliografie; detaillierte bibliografische Daten sind im Internet über http://dnb.d-nb.de abrufbar.

ISBN: 9783346735935
Dieses Buch ist auch als E-Book erhältlich.

© GRIN Publishing GmbH
Nymphenburger Straße 86
80636 München

Druck und Bindung: Books on Demand GmbH, Norderstedt Germany
Gedruckt auf säurefreiem Papier aus verantwortungsvollen Quellen

Das vorliegende Werk wurde sorgfältig erarbeitet. Dennoch übernehmen Autoren und Verlag für die Richtigkeit von Angaben, Hinweisen, Links und Ratschlägen sowie eventuelle Druckfehler keine Haftung.

Das Buch bei GRIN: https://www.grin.com/document/1282049

Human Computer Interaction

Abkürzungsverzeichnis

AR	Augmented Reality
BM	Beam Splitter
cw-Wert	Kamera-Widerstandsbeiwert
CX	Customer Experience
FOV	Field of View
HCI	Human-Computer-Interaction
HDR	High Dynamic Range
HPU	Holographic Processing Unit
HUD	Head-up Display
IoT	Internet der Dinge
IVIS	In-Vehicle Infotainment System
LCD	Liquid Crystal Display
LCOS	Liquid Crystal on Silicon
LIDAR	Light Detection and Ranging
MR	Mixed Reality
OLED	Orgic Light-Emitting Diode
RGB	Rot-Grün-Blau
RMLCM	Reactive Monomer Liquid Crystal Mix
STIT	Seeing-To-It-That
StVO	Straßenverkehrsordnung
UI	User Interface
UX	User Experience
VR	Virtual Reality
WDS	Windshield Display

I Abbildungsverzeichnis

Inhaltsverzeichnis

1 Einleitung

Human-Computer-Interaction (HCI) bezeichnet die Interaktion zwischen Mensch und Computer und ist ein Teilbereich der Informatik. Innerhalb dieses Informatikbereichs werden Schnittstellen und interaktive Systeme für die Kommunikation zwischen Mensch und Maschine entwickelt. Die Besonderheit von HCI ist der interdisziplinäre Ansatz, mit dem Methoden aus anderen Wissenschaftssektoren wie beispielsweise Psychologie, Soziologie und Arbeitswissenschaft implementiert werden. Andere Teilgebiete der HCI sind E-Learning und User Experience oder Customer Experience Design. HCI findet sich in vielen Bereichen. Diese Technologie wird in Wirtschaft und Industrie zu dem Zweck eingesetzt, verbesserte Effekte zu erzielen. Intelligente Maschinen unterstützen in der Medizin Patienten bei der Regeneration oder behinderten Menschen bei der Bewältigung alltäglicher Aufgaben. Das übergeordnete Ziel der HCI ist es, menschliche Fähigkeiten mit den Vorzügen digitaler Technologien zu harmonisieren und die Vorteile von Mensch und Maschine miteinander zu kombinieren (Kapros und Koutsombogera, 2018, S. 4).

Es existieren bereits viele HCI-Projekte wie beispielsweise die Sprachsteuerung von Apple (Siri) oder Microsoft (Cortana) sowie die Datenbrillen Google Glass und Oculus Rift. Die Datenbrillen funktionieren ausschließlich über Sprachbefehle. Auch die Ergänzungsfunktion der Google-Suchmaschine „Google Suggest" ist als HCI zu verstehen (Google, 2018) (Microsoft, 2018).

Weitere HCI-Beispiele finden sich bei Smartphones mit der Gestensteuerung, bei smarten Uhren oder mitdenkenden Thermostaten des Internets der Dinge (IoT) (Kapros und Koutsombogera, 2018, S. 4).

Vorreiter im Bereich HCI ist die Automotive-Branche (Meixner und Müller, 2017, S. 7). Daher befasst sich die vorliegende Diplomarbeit vorwiegend mit den bereits vorhandenen UIs dieser Branche und stellt das User Interface eines digitalen Rückspiegels eines Autos dar, der die Ansicht einer Kamera am Heck des jeweiligen Fahrzeugs nutzt. Dieser digitale Spiegel ändert seine Position aufgrund von Kopfneigungen des Nutzers. Die dieser Diplomarbeit zugrundeliegende Fachliteratur und wissenschaftliche Artikel behandeln generelle HCI mit UIs, die durch Kopfneigung bzw. Head-Tracking, Eye-Tracking ausgelöst werden.

1.1 Problemstellung

Digitale Rückspiegel mit HCI befinden sich am Anfang der Entwicklung. Für diese Diplomarbeit werden daher bisherige Innovationen wie digitale Standard-Spiegel und HCI-Potenziale für Spiegel im Allgemeinen betrachtet. Forschungsergebnisse im Hinblick auf die Automotive-Branche werden diskutiert und eigenen Erkenntnissen aus der zugrundeliegenden Fachliteratur und wissenschaftlichen Fachartikeln gegenübergestellt, um die positiven Effekte von HCI und dem Einsatz digitaler Spiegel für die Branche vorzustellen.

1.2 Methodik

Die für diese Diplomarbeit zusammengetragene Fachliteratur und wissenschaftlichen Fachartikel entstammen der Internetseite https://www.auto-ui.org, der zehnten Internationalen ACM-Konferenz über HCI-Interfaces in Toronto, Kanada sowie der Internetseite http://www.pervasivedisplays.org/2018 zum Thema UI und HCI. Weitere Fachliteratur wurde mithilfe der Suchmaschinen Google und Web of Science mithilfe der Schlagwörter HCI, Human-Computer-Interaction, UI, digitale Displays, digitale Spiegel, digitale Kameras, digitale UIs in der Automotive-Branche, Eye-Tracking, Face-Tracking und Head-Tracking zusammengetragen.

1.3 Fragestellung

Die sich daraus ergebende Fragestellung lautet:

Ergibt sich eine Änderung der Usability des Rückspiegels im Auto durch den Einsatz von Eye- und Head-Tracking und ergibt der Einsatz eines digitalen Rückspiegels eine bessere Übersicht des Straßenverkehrs für den jeweiligen Fahrer?

2 Theoretische Grundbegriffe

2.1 Human-Computer-Interaction - Definition

Die Human Computer Interaction (HCI) fokussiert auf der Interaktion zwischen Nutzer und Computersystem, einschließlich der Benutzerschnittstelle und des zugrunde- liegenden Systems und die Prozesse, die aufgrund dieser Kooperation Interaktionen erzeugen. HCI ist ein interdisziplinär und umfasst Disziplinen der Informatik, der Kognitionswissenschaft, des Ingenieurwesens, des Managements, der Psychologie und Soziologie sowie Anthropologie. In den Anfängen der HCI konzentrierte sich die HCI auf Probleme, die direkt mit der Benutzeroberfläche zusammenhingen. Typische Herausforderungen waren die unterschiedlichen Eigenschaften verschiedener Ein- und Ausgabegeräte sowie die unterschiedlichen Erfahrungslevel der Nutzer. Seit kurzem hat sich der Fachbereich der Mensch-Computer-Interaktion verändert und widmet sich den Prozessen und den Komponenten für die Benutzeroberfläche eines Systems oder einer Software. Die Funktionalität eines Systems wird durch den Wert der Menge an Aktionen oder Dienste definiert, die es seinen Nutzern bereitstellt. Der Wert der Funktionalität ist jedoch nur dann erkennbar, wenn es möglich ist, die Aktionen oder Dienste sinnvoll anzuwenden. Die Usability eines IT-Systems definiert sich durch spezifische Funktionen und den Bereich und Grad, mithilfe dessen das jeweilige System effizient eingesetzt werden kann, um bestimmte vordefinierte Ziele zu erreichen. Die tatsächliche Wirksamkeit eines Systems für die HCI wird erreicht, wenn ein ausbalanciertes Verhältnis zwischen der Funktionalität und der Benutzerfreundlichkeit eines Systems gegeben ist (Reich, 2013, S. 10-11).

Ergo ist HCI der Oberbegriff für die Art und Weise, wie Menschen mit Computern und Computersystemen interagieren und in welchem Ausmaß sich Computer für diese Interaktion erfolgreich einsetzen lassen. Der Forschungsbereich HCI wurde in den letzten Jahren in viele unterschiedliche Teildisziplinen aufgeteilt, die sich entweder mit der Multimodalität der Systeme, mit den entsprechenden Schnittstellen oder mit dem Einsatz von Sprache oder physikalischen Einflüssen für die Steuerung von HCI-Systemen befassen. Wie der Name bereits verrät, besteht HCI aus dem Menschen (Englisch: Human), dem Computer oder Computersystem und der Interaktion. Damit diese Interaktion störungsfrei verläuft, müssen Schnittstellen zwischen Mensch und Maschine geschaffen werden, mithilfe derer ein Nutzer mit der Maschine Kontakt aufnehmen kann. Das einfachste Beispiel ist ein Lichtschalter oder ein Lenkrad in einem Pkw. Wird der Lichtschalter gedrückt oder das Lenkrad bewegt, dann folgt automatisch eine Aktion. Ein

Computersystem lässt sich jedoch auch indirekt über Texteingabe per Tastatur, einer Computermaus, mithilfe von Monitoren und Touchscreens oder mithilfe von Sprachen oder Gesten steuern. Zudem können HCI-Systeme menschliche Bedürfnisse automatisch identifizieren. Smarte Ampeln schalten automatisch um, wenn ein Pkw eine Kontaktschleife im Boden überfährt. Andere Technologien zielen mehr auf eine Erweiterung der menschlichen Sinnesorgane wie beispielsweise Virtual Reality-Brillen. Außerdem existieren digitale Assistenten oder Chatbots für Kundenanfragen, die automatisch antworten und kontinuierlich hinzulernen (Reich, 2013, S. 10-11).

2.2 Potenziale von HCI

Eliza, der erste Chatbot, aus dem 1960er-Jahren war in seinen Fähigkeiten noch sehr beschränkt und konnte Folgefragen nicht beantworten. Aktuelle Chatbots finden sich im Kundenservice und geben per Schrift und Sprache Auskunft zu Produkten, Dienstleistungen oder Abflugs- und Ankunftszeiten von Flugzeugen. Für die Antworten reagieren diese Chatbots auf Keywords und gleichen diese mit der Eingabe des Nutzers ab und beantworten die Anfragen basierend auf Constraints und vordefinierten Routinen. Chatbots dieser Art arbeiten mit künstlicher Intelligenz (KI). Digitale Assistenten wie Alexa von Amazon oder Google Assistant und Google Home sind ebenfalls Chatbots, die aus den getätigten Anfragen lernen und ihr Repertoire eigenständig erweitern. Chatbots können sich an früherer Dialoge erinnern und generieren Querverbindungen zwischen Informationen. Je nach Lernphase der Chatbots, entwickeln sich Dialoge, die der Kommunikation von Mensch zu Mensch gleicht. Hohe Datenvolumina (Big Data) spielen für das Wissen der Chatbots eine große Rolle. Je mehr Informationen vorliegen, desto korrekter können Chatbots antworten und auf Anfragen reagieren (Reich, 2013, S. 7).

Andere Systeme wie Alexa von Amazon, Google Assistant, Google Home, Microsoft Cortana und Apple's Siri werden mit der Stimme der Nutzer gesteuert. Es ist nicht notwendig, Befehle auf einem Display über eine Tastatur einzugeben, da das gesprochene Wort die Chatbots aktiviert.

2.3 Eye-, Face- und Headtracking

Die Funktionsweise des Eye-Trackings ist einfach und funktioniert mithilfe von Infrarotstrahlen, die Gesichter abtasten. Parallel dazu nimmt eine Augenkamera die erfassten Bereich auf. Mithilfe des vom Auge reflektierten Infrarotlichts ist es durch eine Analyse-Software möglich, das Auge zu identifizieren und zu verfolgen. Die Pupille eines Auges reflektiert nicht und wird von den meisten Kameras nur als schwarzer Punkt erfasst. Gleichzeitig findet eine Überwachung per Monitor, per Tonaufnahme und Video des Oberkörpers statt. Das bedeutet, dass auch Mimik und Gestik erfasst werden, die einen direkten Vergleich mit den unbewussten Augenbewegungen zulassen (Blake, 2013, S. 367).

Bei der Fixation identifiziert ein Eye-Tracking-System die Fokussierung spezifischer Punkte und die Dauer dieser Fokussierung einer Person. Im Gehirn einer Person werden während einer Fixationsphase neurologisch nützliche Daten an das Gehirn transferiert. Wichtig für den Eye-Tracking-Vorgang ist auch die sogenannte Sakkade, die den Sprung von einer Fixation zur nächsten beschreibt. Während dieser Phase entstehen ruckartige und schnelle Augenbewegungen, die keine Erfassung optischer Informationen zulassen. Die Geschwindigkeit von Sakkaden lässt Rückschlüsse auf das innere Wohlbefinden von Personen zu. Sakkaden können von Personen nicht wahrgenommen werden, da der Blick direkt von einem Fixationspunkt zum nächsten driftet (Blake, 2013, S. 368).

Eye-Tracking-Systeme lassen sich für viele Anwendungsbereiche wie beispielsweise für die Analyse von Internetseiten, Werbefilmen, iPhones, Handy-Applikationen, Kataloge, Banner und Plakaten einsetzen. Zu den Anwendungsbereichen zählen auch mobile Geräte, mithilfe derer die Funktionalität von Schalterautomaten oder die Wahrnehmung von Straßen-Schildern überprüft werden kann. Die jeweiligen Resultate lassen sich auf diverse Arten visualisieren. Die sich daraus ergebende Blickverlaufsmessung von Personen zeigt die Reihenfolge und die Dauer der Fixationen und der Sakkaden (Blake, 2013, S. 368).

Gesichter lassen sich mit neuer Präzision erkennen. Details der Gesichtserkennung lassen sich auf das ganze Gesicht anwenden oder nur auf einen Teil davon wie beispielsweise die Augen. In China hat sich die Gesichtserkennung für die Eintrittskontrolle zu Miethäusern und Studentenheimen oder für die Kontrolle von Pausenzeiten von Angestellten bereits etabliert. In Dubai wird die Iris-Erkennung auf dem Flughafen zur Überwachung der Passagiere verwendet. Seit Januar dieses Jahres scannen 100 Terminals die Augen von Passagieren. Auch Gesichter werden seit diesem Sommer erkannt. Dazu wird ein Aquarium genutzt, durch das Passagiere hindurchlaufen müssen. Die Fische und Pflanzen des Aquariums verleiten die Passagiere automatisch dazu, in viele Richtungen zu blicken. Auf diese Art und Weise entsteht eine komplette Gesichtserkennung. Deutsche Flughäfen nutzen diese Technologie bereits bei der Vorlage von Personalausweisen (Guo, Lu und Zhou, 2018, S. 304).

Gesichts- oder Face-Tracking funktioniert mithilfe einer Videokamera. Damit die Gesichtserkennung reibungslos funktioniert, muss ein biometrischer Token, der spezifische Merkmale oder Ankerpunkte wie Augen, und Augenränder, Nasenwinkel oder Kinn- und Mundpartie im Gesicht erfasst, erzeugt werden. Alle Gesichtsmerkmale stehen in spezifischen Winkeln zueinander. Wurde ein Token erzeugt, wird er für die Identifizierung der Person genutzt, aus deren Merkmalen der Token erstellt wurde. Bei einer erneuten Aufnahme werden die einzelnen Gesichtscharakteristika erneut geprüft und die Abstände ermittelt. Danach werden diese Merkmale mit den Merkmalen des Tokens abgeglichen und im Fall einer Übereinstimmung die Identität der Person bestätigt. Ge-sichtserkennungsverfahren werden bereits für die einwandfreie Identifizierung von Nutzern eingesetzt wie beispielsweise beim Sozialen Netzwerk Facebook oder beim aktuellen iPhone, dass die unternehmenseigene Face-ID-Technologie verwendet. Auch andere Smartphone-Hersteller nutzen hauseigene Technologien für die Gesichts-erkennung zur Entsperrung von Smartphones (Guo et al., 2018, S. 305).

Das Einlasskontrollsystem EasyPASS ermöglicht die Überprüfung von Einreisenden am Flughafen oder an der Grenze. Das digitale Reisedokument wird jeweils gescannt und an-schließend müssen die Passagiere in die Video-Kamera blicken. Mithilfe der Ge-sichtserkennung wird kontrolliert, ob das aktuelle Bild dem Bild auf dem Chip des digitalen Reisedokuments entspricht (EasyPASS, 2018).

Im Automotive-Bereich birgt das Eye-, Face- und Gesichtstracking viele Vorteile für unterschiedliche Anwendungsszenarien. Die Identifikation eines Fahrers kann anhand von Personalisierungs-Funktionen wie beispielsweise der Konfiguration von Infotain-ment sowie der Spiegel- und Sitzeinstellung verknüpft werden. Das Face-Tracking lässt sich als Diebstahl-Sicherung bei Nutz- und Lieferfahrzeugen eingesetzt werden. Gestengesteuerte UIs können Fenster öffnen oder schließen oder die Kopfverfolgung für die Steuerung digitaler Spiegel- und Kamerasysteme verwendet werden. Dankbar ist zudem die Nutzung von Gesten für die Navigation durch ein Fahrzeug-Menü oder die Nutzung des Infotainment-Monitors oder für die Anwendung eines Head Up-Displays (HUD) (Winner, 2015, S. 259 ff.).

2.4 Augmented, Mixed und Virtual Reality (AR, MR und VR)

Bei Augmented (AR), Mixed (MR) und Virtual Reality (VR) wird die Realität mithilfe von spezifischen Brillen abgeändert. Das erste Head-Mounted-Display für VR wurde von Ivan Sutherland im Jahr 1968 an der Harvard Universität entwickelt. Das Display war dazu in der Lage mithilfe von zwei Kathoden-Strahlröhren dreidimensionale

Liniengrafiken zu erzeugen. Das Gerät musste aufgrund seines hohen Gewichts an der Laboratoriums-Decke befestigt werden (Dörner, Broll, Grimm und Jung, 2016, S. 19).

Augmented Reality (AR) erweitert die Realität durch Hinweise zu Objekten. Ursprünglich wurde AR für Head Up-Displays (HUDs) von Kampfpiloten in den 1950er Jahren entwickelt. Diese HUDs sind heute in der zivilen Luftfahrt oder in Pkws zu finden. AR muss nicht zwingend mithilfe einer VR-Brille stattfinden, sondern funktioniert auch mit jedem Smartphone oder Tablet (Dörner, Broll, Grimm und Jung, 2014, S. 1-2)

Ein sehr leistungsfähiges AR-System bietet Microsoft seit dem Jahr 2016 mit der VR-Brille Hololens. Diese VR-Brille beinhaltet einen kleinen Computer mit dem Betriebssystem Windows 10 und Sensoren, die eine fast punktgenaue Positionierung und Interaktion zwischen realen und virtuellen Objekten ermöglicht. Diese von Microsoft entwickelte Technologie wird als Mixed Reality (MR) bezeichnet (Microsoft Hololens, 2018).

Die Kontrolle des MR-System erfolgt mithilfe von Sprach- und Gestenerkennung und einem integrierten Kamerasystem. Die Hololens ist mit einem Intel Atom x5-Z8100-Prozessor ausgestattet und verfügt über eine von Microsoft entwickelte Holographic Processing Unit (HPU). Vor jedem Auge befindet sich je ein transparenter LCOS- (Liquid Crystal on Silicon)-Screen, der jeweils nur einen Blickfeldbereich abdeckt. Der von den Screens abgedeckte Bereich ist größer als bei AR-Brillen. Es lassen sich spezifische 3D-Hololens-Apps und Spiele, aber auch traditionelle Applikationen nutzen, die in virtuellen Windows-Fenstern zur Verfügung stehen. Die Hololens wurde primär für den professionellen Einsatz in Showrooms oder für die Wartung entwickelt (Microsoft Hololens, 2018).

2.5 DigiLens MonoHUD und DigiLens AutoHUD

Das Modell des DigiLens MonoHUD (Head-Up Display) ist ein Display, das ablenkungsfreie Informationen an Fahrer liefert. In diesem Modell ist ein vollfarbiger, 2-schichtiger Wellenleiter in Kombination mit einem sehr hellen Bildgenerator verbaut, der beispielsweise in einen Motorradhelm implementiert werden kann. Auf diese Art und Weise werden Fahrern kritische Informationen zur aktuellen Verkehrssituation bereitgestellt. Das Modell der DigiLens beinhaltet, dass der Fahrer nur geradeaus blickt. Vergleichbare Modell erfordern Blicke nach unten, oben oder zur Seite (DigiLens - MonoHUD, 2018).

Im Jahr 2016 haben sich die Firma Continental, ein Automobilzulieferer, und DigiLens zusammengeschlossen, damit ein DigiLens-Modell für den Automotive-Bereich entwickelt werden kann. Das Modell für Kraftfahrzeuge, DigiLens AutoHUD, verdoppelt das Blickfeld (FOV, Field of View). Gleichzeitig wurde das Modell den Bedürfnissen der Automobil-Industrie angepasst und im Volumen verkleinert. Daher kann das Modell DigiLens AutoHUD auch für AR im Automotive-Bereich genutzt werden (DigiLens AutoHUD, 2018).

Ein Autofahrer muss die gesamte Aufmerksamkeit auf die Verkehrssituation, Geschwindigkeitsregulation und den Kraftstoff- und Ölstand lenken. Diese Informationen lassen sich auf der Windschutzschreibe anzeigen, damit Autofahrer die Konzentration ausschließlich auf den Straßenverkehr lenken. Das DigiLens AutoHUD-Modell ermöglicht zudem die Integration von AR-Funktionen wie beispielsweise das Anzeigen von nahegelegenen Orientierungspunkten oder anderen Informationen. Auf Spiegel und Linsen kann beim Einsatz des DigiLens AutoHUD verzichtet werden, da der HUD integrierte Beugungsoptiken verwendet. Das FOV des Displays des DigiLens AutoHUDs ist an die Augenhöhe der Fahrer angepasst, so dass Fahrer keine für die aktuelle Verkehrssituation bedeutsamen Informationen verpassen (DigiLens AutoHUD, 2018).

Die DigiLens-Modell verwenden proprietäre holographische Aufnahmetechniken, die diverse optische Funktionen (sogenannte „IP-Kerne") zu einem Wellenleiter kombinieren. Auf diese Art und Weise können die Komplexität eines HUD-Sytems und das Volumen durch refraktive optische Anordnungen mithilfe von stapelbaren planaren holographischen Wellenleitern vermindert werden. Die Technologie wurde von DigiLens entwickelt, d. h. es bestehen noch keine etablierten Software-Tools für die Unterstützung der Technologie, sondern ausschließlich eine DigiLens-unternehmensspezifische und kundenorientierte Sammlung von CAD-Werkzeugen für die Raytracing-Wellenleitergitter-Technologie. Das Unternehmen DigiLens kann eine Vielzahl von optischen IP-Kernen anpassen oder modellieren, um anwendungsspezifischen holografischen Modellen gerecht zu werden. Typische Wellenleiter-IP-Kerne umfassen

- Single und Dual Axis Ausgangspupillenerweiterung,
- Beam Splitter (BS) für Micro Imager,
- Beleuchtung und Anzeige Kollimation,
- Digitales Scannen,
- Gemusterte und konische Diffraktionslicht-Extraktion,
- Homogenisierung und
- De-Speckling (DigiLens - Werkzeuge und Materialien, 2018).

Die Wellenleiter-IP-Kerne sind nicht auf diese Funktionen beschränkt. Für das Modell der DigiLens wurden diverse Materialien für die Volumenanpassung der holografischen optischen Wellenleiter-basierten Displays, die Bildgebung und modul-basierte Produkte entwickelt. Für den DigiLens-spezifischen Reactive Monomer Liquid Crystal Mix (DigiLens RMLCM) wurde eine Kombination aus bewährten LC- und Monomer-Elementen, die der LCD-Technologie ähneln, verwendet (DigiLens - Werkzeuge und Materialien, 2018).[1]

Physikalisch betrachtet, besteht die grundlegende Eigenschaft von Phasengittern darin, dass für eine gegebene Indexmodulation dünnere Gitter eine größere Winkelbandbreite haben, während dickere Gitter eine kleinere Winkelbandbreite haben. Die weltweit führende Indexmodulation des RMLCM ermöglicht die Anpassung des DigiLens-Gitters an jeden beliebigen Ort in diesem Konstruktionsraum, der eine beispiellose Leistung und optische Funktionalität ermöglicht. Darüber hinaus hat DigiLens eine Vielzahl von Anwendungsmethoden entwickelt, die in der Lage sind, sehr dünne Gitter mit hoher Filmgleichförmigkeit zu drucken. (DigiLens - Werkzeuge und Materialien, 2018)

2.6 Digitale Kameras / Digitale Spiegel (Automotive Branche)

Spiegel sind ein unabdingbarer Bestandteil von Fahrzeugen im Straßenverkehr. Von preiswerten Modellen abgesehen, beinhalten die meisten Fahrzeuge elektrische oder beheizbare Seitenspiegel. Die sich rasch entwickelnden digitalen Technologien lassen jedoch vermuten, dass Kameras oder Head-up Displays (HUDs) in naher Zukunft herkömmliche Spiegelsysteme ablösen. In Assistenzsystemen automatisierter Fahrzeuge werden Sensoren aller Art eingebaut, die der Umwelterkennung, der Lokalisation und der Erkennung von Objekten und anderen Verkehrsteilnehmern auf kurzen und langen Distanzen dienen. Ultraschall-Sensoren arbeiten auf kurze Distanzen und bei kleinen Geschwindigkeiten wie beispielsweise beim Einparken oder für die Erkennung des toten Winkels (Mörbe, 2015, S. 220).

Andere wichtige Bestandteile sind Radar-Sensoren, die auf kurze, mittlere und große Distanzen dynamische und adynamische Fahrzeuge identifizieren und über Abstand, Geschwindigkeit und Winkel informieren. Radar-Sensoren werden von Licht- und Wetterverhältnissen wenig beeinflusst und werden in sicherheitsrelevanten Applikationen wie beispielsweise adaptiven Tempomaten, Kollisionsvermeidungs-

---

[1] Jeder Pixel (Bildpunkt) wird bei einem LC-Display (LCD, Liquid Crystal Display) mithilfe von drei Sub-Pixeln in Rot-Grün-Blau (RGB) erzeugt. Das Licht wird polarisiert bevor es auf die Flüssigkeits-kristalle trifft. Dahinter existiert ein anderer Polarisator.

Systemen sowie Notbrems-Assistenten verwendet. Diese Radar-Systeme werden in den Frequenzbändern im K-Band mit 24 GHz und W-Band mit 79 GHz betrieben. Bei der Konzeption des Systems muss berücksichtigt werden, dass die Nutzung des kleineren Frequenz-Bereichs im K-Band in Europa ab dem Jahr 2022 auslaufen wird. Die höhere Frequenz erlaubt die Modellierung kleinerer Sensoren mit einer optimierten räumlichen Auflösung und höheren Betriebsbandbreiten (Winner, 2015, S. 259 ff.).

Eine weitere Herausforderung liegt darin, dass Radar-Sensoren aufgrund ihrer Beschaffenheit Objekte manchmal nicht identifizieren oder kategorisieren können. Daher kommen Kamera-Sensoren mit hoher Auflösung zum Einsatz, die kostengünstig sind, jedoch viel Rechenleistung zum Einsatz. Auch Licht- und Wetterverhältnisse dürfen nicht ungünstig sein, damit die Bildqualität optimal bleibt (Winner, 2015, S. 259 ff.).

Viel diskutiert wird die Nutzung von laserbasierten (Light Detection and Ranging, LiDAR)-Infrarot-Sensoren. LiDAR-Sensoren sind kostspielig und werden daher noch wenig genutzt. LiDAR-Sensoren können hochaufgelöste dreidimensionale Bilder für automatisierte Systeme liefern. Der Nachteil liegt in der Licht- und Wetterempfindlichkeit der Sensoren. Die LiDAR-Infrarot-Sensoren dienen der Objekterkennung bei Nacht. Es kommen Ultraviolett-, Infrarot- oder Strahlen aus dem Bereich des sichtbaren zum Einsatz. Für den Einsatz der Infrarot-Sensoren existieren diverse Messmethoden. In automatisierten Fahrzeugen wird das Verfahren der „Time of Flight"-Messung eingesetzt. Der Zeitraum zwischen dem Senden des Impulses bis zum Empfang der zurückgeleiteten Strahlen steht proportional zur radialen Distanz zwischen Mess-System und entdecktem Objekt. Die Lichtstrahlen werden vom jeweils entdeckten Objekt zurückgestrahlt. Das bedeutet bei einer Lichtgeschwindigkeit von etwa 300.000 Kilometern pro Sekunde (in Luft), dass die Laufzeit bei einem Abstand von 50 Metern etwa 333 Nanosekunden beträgt (Gotzig und Geduld, 2015, S. 317). Die dazu gehörende Formel ist in Abbildung 1 dargestellt.

$$d = \frac{c_0 \cdot t}{2}$$

d = Abstand in m
c_0 = Lichtgeschwindigkeit (300.000 m/s)
t = Zeit in s

Abbildung 1: Time of Flight-Messung, Quelle: (Gotzig und Geduld, 2015, S. 317)

Die zu erwartende resultierende Antwort, d. h. die Rückstrahlung eines Objekts, ist eine Gaußkurve (Gotzig und Geduld, 2015, S. 317).

Die Implementierung von modernen Sensoren und digitalen Kameras bietet zudem Vorteile für das Rangieren beim Einparken oder Rückwärtsfahren. Digitale Kameras können automatisch den entsprechenden Bereich vergrößert abbilden. Das Bild der Kameras passt sich automatisch an die Verkehrssituation an. Auf diese Art und Weise kombiniert ein digitaler Seitenspiegel die eigene Funktion mit der Funktion des Einparkassistenten. Auf der Grundlage der Kamerabilder sind andere Assistenzsysteme in einem Fahrzeug dazu in der Lage, weitere Funktionen auszuführen. Der Fahrer kann bei einem Spurwechsel oder bei einem unbedachten Türöffnen alarmiert werden. Über das Verfahren des sogenannten „Stitching" werden die Kamerabilder kombiniert und Lücken im FOV mit Inhalten ergänzt. Digitale Kamerasysteme optimieren den Widerstandsbeiwert (cw-Wert) und können damit den Kraftstoffverbrauch senken (Mörbe, 2015, S. 220 ff.).

Noch können digitale Spiegel-Systeme in Fahrzeugen nicht seriell verbaut werden, da der Deutsche Gesetzgeber in der Straßenverkehrsordnung (StVO) zwingend Außenspiegel an Fahrzeugen vorsieht. Ergo ist ein Fahrzeug mit einem Kamera- bzw. digitalen Spiegelsystem in Deutschland nicht gesetzes-konform (Straßenverkehrsordnung, 2013).

Das Versuchsmodell der Firma Continental umfasst drei Kameras, die Rundum-Sicht-Kameras ähneln, aber einen anderen Öffnungswinkel beinhalten. Ein Fahrer sieht zwei Monitore mit organischen Leuchtdioden (OLED, Organic Light-Emitting Diode) mit den gewohnten Blickrichtungen auf das Straßenverkehrsgeschehen im rückwärtigen und seitlichen Verkehrsumfeld (Contintental - digitales Spiegelsystem, 2017). Die folgende Abbildung zeigt einen OLED-Seitenspiegel .

[Die Abbildung wurde aus urheberrechtlichen Gründen von der Redaktion entfernt.]

Abbildung 2: Digitaler Seitenspiegel, Quelle: (Lexus ES, 2018)

Der Vorteil gegenüber traditionellen Spiegelsystem beinhalten keine Blendung, die Erkennung der Verkehrssituation mit Fahrassistenzfunktionen, eine effiziente Sicht bei Dämmerung und Nässe und weniger Kraftstoffverbrauch. Die Kameras der Firma

Continental sind mit High Dynamic Range (HDR) ausgestattet. Diese Technologie erlaubt eine optimale Darstellung der Lichtverhältnisse, so dass eine Überblendung durch Sonne oder schlechte Sicht in der Dämmerung vermieden werden können. Beschichtete Linsen der seitlichen Kameras haben ein geringeres Volumen als traditionelle Spiegel-Systeme und sind unempfindlich gegenüber Schmutz. Die im Heck eingebaute Kamera verfügt über eine Reinigungsfunktion (Contintental - digitales Spiegelsystem, 2017). Die folgende Abbildung zeigt das digitale Spiegel-System mit Rück-, Seitenspiegeln und Displays.

[Die Abbildung wurde aus urheberrechtlichen Gründen von der Redaktion entfernt.]

Abbildung 3: Digitales Spiegelsystem der Firma Continental, Quelle: (Lexus ES, 2018)

An das Chassis wurden die Seitenkameras mithilfe von kleinen pyramidenartigen Gehäusen im Fensterdreieck befestigt. Im Spiegelfuß der GPS-Dachantenne befindet sich die dritte Kamera. Aus diesen drei Bildern fügt sich für jedes Display ein Bild zusammen. Der Sichtbereich des Fahrers ist erweitert und lässt sich durch diverse Bildmodi seitlich oder rückwärtig vergrößern (Contintental - digitales Spiegelsystem, 2017). Zudem ist es möglich, dass der Fahrer am eigenen Fahrzeug vorbeisehen kann wie in Abbildung 4 zu erkennen ist.

[Die Abbildung wurde aus urheberrechtlichen Gründen von der Redaktion entfernt.]

Abbildung 4: Digitales Spiegelsystem von Continental, Vorbeisicht am Fahrzeug, Quelle: (Lexus ES, 2018)

2.6.1 Customer Experience Design

Customer Experience (CX) und User Experience (UX) sind Konzepte, die für die Gestaltung des Customer Experience Design genutzt werden. Die Customer Experience (CX) leitet sich aus den Interaktionen zwischen Unternehmen und Kunden ab. Dazu zählen Aktionen auf Websites, Applikationen und in sozialen Medien sowie die dazu-gehörenden Nachrichtenartikel. Für das Design der CX ist ein CX Management unab-dingbar, bei dem der Fokus auf spezifische wiederkehrende Muster und einer steten Anpassung von Touch Points mit (potenziellen) Kunden liegt. Übergeordnete Ziele des CX Managements umfassen Kundenbindung und -zufriedenheit sowie das Unternehmenswachstum. Ein Nutzer wird auf der kompletten Customer Journey vom CX Management auch nach der Kaufentscheidung begleitet (FitzGerald und FitzGerald, 2017, S. 39 ff.).

Die einzelnen Schritte des CX Managements können ineinanderfließen oder sich teilweise überlappen. Touch Points sollen eine Wertschöpfungskette für den Verkaufserfolg bilden. Diese Touch Points dienen dazu, Nutzer gut zu informieren und damit zu einem Neukauf zu bewegen. Durch die kundenorientierte Gestaltung von Touch Points können Wettbewerbsvorteile gegenüber der Konkurrenz generiert werden. Der erste Schritt im CX Management ist die Entwicklung von sogenannten Personals. Diese Personas werden aufgrund der Cluster-Analyse von anonymisierten Kundendaten erzeugt, die jeweils eine eigene Zielgruppe bilden. Auf diese Art und Weise können Unternehmen Kunden und die wichtigsten Kundenparameter verstehen und dementsprechend Produkte und Dienstleistungen entwickeln. Eine Persona muss ein demografisches Profil, Attribute, Motivationen, Bedürfnisse, Schwachstellen und reale Kundenangebote enthalten (FitzGerald und FitzGerald, 2017, S. 39 ff.).

Ein weiteres Mittel für die Erhebung von Kundenbedürfnissen sind Empathie-Karten. Diese Empathie-Karten ermöglichen CX-Teams, ein vollständiges Bild des Kunden zu erstellen und welche Maßnahmen aufgrund der Überzeugungen, Emotionen und Ver-haltensweisen der Kunden ergreifen können. Die Empathie-Karten umfassen 4 Quadranten, die mit „denken", „fühlen", „sagen" und „tun" überschrieben werden, um diverse Aspekte von Kundenerfahrungen und -präferenzen zu verstehen. Mit dem Stakeholder-Management können die Einstellungen von Zielgruppen ermittelt werden bevor Änderungen an Produkten oder Dienstleistungen vorgenommen werden. Das Ziel des Stakeholder-Managements ist, die Bedürfnisse und Interessen von Stakeholdern eines Unternehmens zu identifizieren. Zudem müssen Risiken aufgrund von negativen

Stakeholdern und deren Effekten auf das Unternehmen erkannt werden. Auch für das Stakeholder-Management existieren 4 Quadranten mit den Bezeichnungen Unterstützer, Champions, Gatekeeper und Zuschauer. Die Unterstützer werden i. d. R. in das Projektteam des CX-Teams mit eingebunden. Champions haben einen hohen Einfluss auf das Unternehmen und können theoretisch dazu beitragen, andere Stakeholder negativ oder positiv zu beeinflussen. Die Gatekeeper haben hohen Einfluss auf das Unternehmen, bieten jedoch wenig Unterstützung. Die Bedenken dieser Stakeholder-Gruppe können für die Optimierung der CX genutzt werden. Zuschauer haben i. d. R. wenig Einfluss und bieten zudem wenig Unterstützung. Diese Stakeholder-Gruppe lässt sich über die Massenkommunikation über das CX Management informieren (FitzGerald und FitzGerald, 2017, S. 39 ff.).

Wurden alle diese Punkte eingehalten und liegen Resultate hinsichtlich des Kunden-verhaltens und der -zufriedenheit vor, kann die Customer Journey geplant werden. Stakeholder müssen über die Resultate informiert werden, bevor mit der Planung und der Modellierung einer Zukunftsvision begonnen wird. Eine Customer Journey-Map hilft bei der Entwicklung der Customer Journey und verschafft eine Übersicht über die End-to-End-Erfahrung von Kunden. Mit dieser Karte können Prozesse, Kundenbedürfnisse und -wahrnehmungen eines Unternehmens während der gesamten Interaktion abgebildet werden. Die Kundenbedürfnisse, -schmerzpunkte und Potenziale der diversen Inter-aktionspunkte werden zu einer Customer Journey zusammengefügt. Für die Erstellung einer Customer Journey Map müssen Personal ausgewählt und diversen Zielgruppen zugeordnet werden (FitzGerald und FitzGerald, 2017, S. 39 ff.).

Für eine weitere Eruierung der Kundenbedürfnisse, können Schwachstellen in der Customer Journey mit dem 5-W-Modell identifiziert werden, um potenzielle Ursachen eliminieren zu können. Diese Methode ist ein leistungsstarkes Instrument für die Problemlösung. Sobald Sie die Grundursachen ermittelt wurden, müssen diese anhand von vorhandenen Daten bewiesen oder widerlegt werden. Mit Brainstorming können neue Ideen generiert oder erforscht werden. Diese Methode eignet sich für die Verknüpfung von bereits vorhandenem Wissen, um bestehende CX-Probleme zu lösen. Die wichtigsten Brainstorming-Techniken umfassen das klassische Brainstorming, bei dem so viele Ideen wie möglich gesammelt und gegeneinander gewichtet werden. Die „Was-wäre-wenn" (What if)-Methode entwickelt potenzielle Szenarien hinsichtlich Preis- oder Produktgestaltung. Mit der „Falscher Weg" (Wrong Way)-Methode werden bewusst schlechte Ideen entwickelt, die bei einer Diskussion zu verbesserten Resultaten hinsichtlich eines optimalen Kundenbindungs-Managements führen (FitzGerald und FitzGerald, 2017, S. 39 ff.).

Zudem kann ein Customer Journey-Framework gebildet werden. Dieses Framework ist eine Alternative zur Customer Journey Map und enthält 5 Aspekte (Attract, Akzeptanz, Adoption, Amplify und Advance), die die bedeutendsten Interaktionen eines End-to-End-Kundenlebenszyklus betrachten. Attract (Deutsch: anziehen) bezeichnet dabei die Anziehungskraft von Produkten und Dienstleistungen eines Unternehmens. Die Kategorie Akzeptanz beinhaltet die Kundenakzeptanz hinsichtlich dieser Produkte und Dienstleistungen. Mit Adoption werden die Interaktionsphasen während der gesamten CX bezeichnet. Durch Amplify (Deutsch: vertiefen) werden die Emotionen zum Ende der Interaktion mit dem Unternehmen ermittelt. Durch Advance (Deutsch: Fortschritt) kann die bestehende Kundenbeziehung durch spezifische Kundenbindungs-Methoden erweitert werden. Zusammengefasst ist der Experience-Design-Prozess eine Methode für die Weiterentwicklung von Initiativen im Anschluss an die Customer Journey und das Brainstorming. Dieser agile Prozess gewährleistet, dass unbewiesene Ideen eliminiert, und tragfähige Ideen zu einem Business Case weiterentwickelt werden können. (FitzGerald und FitzGerald, 2017, S. 39 ff.).

Um weiterhin führender Anbieter im Luxus-Segment des Automotive-Bereichs in den Vereinigten Staaten von Amerika (U.S.A.) bleiben zu können, stellt Cadillac die Kunden in den Fokus und steigert seine Bemühungen, die End-to-End-Erfahrung (CX) für Kunden zu verbessern. Die Strategie des Unternehmens beinhaltet die Entwicklung innovativer Produkte für unvergessliche Kundenerlebnisse und ein kontinuierliches Engagement von Kunden. Damit Kunden das Gefühl haben, dass sie sich willkommen fühlen, sendet der Präsident von Cadillac nach dem Kauf einen persönlichen Brief an die Pkw-Eigentümer. Ausgewählte Kunden werden zu exklusiven Events für ein persönliches Erleben der Marke eingeladen. Ein bedeutendes CX-Instrument des Unternehmens stellt Cadillac Collective dar, eine Wissensgemeinschaft, die gewährleistet, dass das Unternehmen sich kontinuierlich mit Cadillac-Eigentümern und Enthusiasten auseinandersetzen kann (Cadillac UX, 2018).

Führungskräfte der Automotive-Branche sind sich der Herausforderungen (auch der Herausforderungen durch die sich rasch entwickelnde Digitalisierung) bewusst, denen sie gegenüberstehen (Becker, Pawelke und Dodd, 2018). Laut KPMG Global Automotive Executive Survey erwarten zweiundachtzig Prozent der Führungskräfte der Automobilindustrie einen Geschäftseinbruch in den nächsten fünf Jahren. Fast sechzig

Prozent der Führungskräfte sind davon überzeugt, dass die Hälfte der heutigen Autobesitzer bis 2025 keinen eigenen Pkw besitzen wird (Becker, Pawelke und Dodd, 2018).

2.6.2 Usability

Die Beurteilung der Usability von Softwaresystemen richtet sich nach der Effektivität und dem proportionalen Aufwand, der vom Nutzer im Kontext mit der Nutzung des jeweiligen Softwaresystems verbunden ist (Kundenzufriedenheit). Der Autor Heimgärtner betont, dass die Usability nicht abhängig von der zweckmäßigen Nutzung der Softwaresysteme ist (Heimgärtner, 2017, S. 101).

Grundsätzlich kann eine übereinstimmende Definition der Usability von Softwaresystemen festgestellt werden, die die Interaktion zwischen Mensch und Computer beschreibt. Mensch, Maschine und Umgebung ergeben eine Interaktionseinheit, die hinsichtlich zu erledigender Tätigkeiten auch als Nutzungskontext zu verstehen ist. Der mensch-zentrierte Ansatz (User Centered Design) gewichtet Nutzer-Anforderungen im Entwicklungsprozess höher als technische Spezifikationen (Heimgärtner, 2017, S. 102).

User Centered Design bedeutet, dass die Usability mit in die Überlegungen des Entwicklungsprozesses einfließt. Der Usability Engineering-Prozess weist einen iterativen Ablauf mit hoher Nutzerbeteiligung auf. Laut Heimgärtner beinhaltet Usability drei wichtige Aspekte. Die Effektivität bezieht sich auf für die Usability erforderlichen Ressourcen wie beispielsweise Konzentrations- und Zeitaufwand, ergo auf die Verbindung zwischen Aufwand und Resultat. Ein weiterer wichtiger Aspekt ist die Kundenzufriedenheit, die von der Qualität der Konzeption der Schnittstellen abhängig ist. Im kulturellen Kontext wird der haptische Aspekt von Nutzer-Schnittstellen laut Heimgärtner von Entwicklern häufig nicht wahrgenommen oder nicht ausreichend respektiert (Heimgärtner, 2017, S. 102).

Gute Nutzer-Schnittstellen führen zu einer besseren Effizienz von Softwaresystemen, wenn ein Softwaresystem sich an die Arbeitsweise von Nutzern anpassen kann und zudem ein positives ergonomisches Design aufweist. Auf diese Art und Weise können Zeitverluste und haptische Probleme verhindert werden. Adäquat und nutzerorientierte Interfaces verfügen über ein zweckorientiertes Design, das Nutzer nicht ablenkt, sondern eine Konzentration auf die zu erledigenden Tätigkeiten erlaubt. Diverse humane Fehler lassen sich über eine gute Konzeption einer Nutzer-Schnittstelle vermeiden (Heimgärtner, 2017, S. 102).

Heimgärtner betont zudem, dass ein weiterer Vorteil eines ausgeklügelten Interfaces eine Verkürzung von Lernprozessen für Nutzer ist, der zu einer besseren Nutzer-Akzeptanz führt. Der Nutzungskontext wird vom Nutzer, den jeweiligen Tätigkeiten und die jeweiligen Ressourcen und die jeweilige physische und soziale Umgebung definiert. Die Erfassung von Nutzermerkmalen bilden einen wichtigen Aspekt für die Usability und Akzeptanz von Softwaresystemen (Heimgärtner, 2017, S. 103).

Usability-Probleme ergeben sich im Nutzungskontext, falls Softwaresysteme die Ausführung von spezifischen Tätigkeiten, für die das jeweilige System konzipiert wurde, unmöglich oder schwierig für Nutzer gestalten. Auch der kulturelle Hintergrund von Nutzern spielt bei der Wahrnehmung und Akzeptanz von Usability eine große Rolle. Die Autoren Bardre und Barber wiesen kulturelle Merkmale im kulturellen Kontext hinsichtlich der Interaktion zwischen Mensch und Maschine bereits im Jahr 1998 nach (Heimgärtner, 2017, S. 104).

Gemäß Heimgärtner kann Usability-Engineering dazu beitragen, spezifische Merkmale der Usability für den Entwicklungsprozess zu definieren. Usability Engineering wird als Teilbereich des Entwicklungsprozesses technischer Systeme verstanden und erweitert das traditionelle Engineering um ergonomische Aspekte. Usability Engineering bedeutet laut Heimgärtner, dass Ansätze, Verfahren, Techniken und Aktivitäten im nutzerorientierten Entwicklungsprozess genutzt werden (Heimgärtner, 2017, S. 105).

In DIN EN ISO 9241-210 wurden die Anforderungen an Human Centered Design (HCD) für computer-basierte Systeme festgelegt. Der Gestaltungs- und Entwicklungsprozess des HCD umfasst Hard- und Software-Anteile. In Abbildung 5 auf der Folgeseite werden alle Prozessphasen eines HCD-Prozesses gemäß ISO 9241-210 dargestellt .

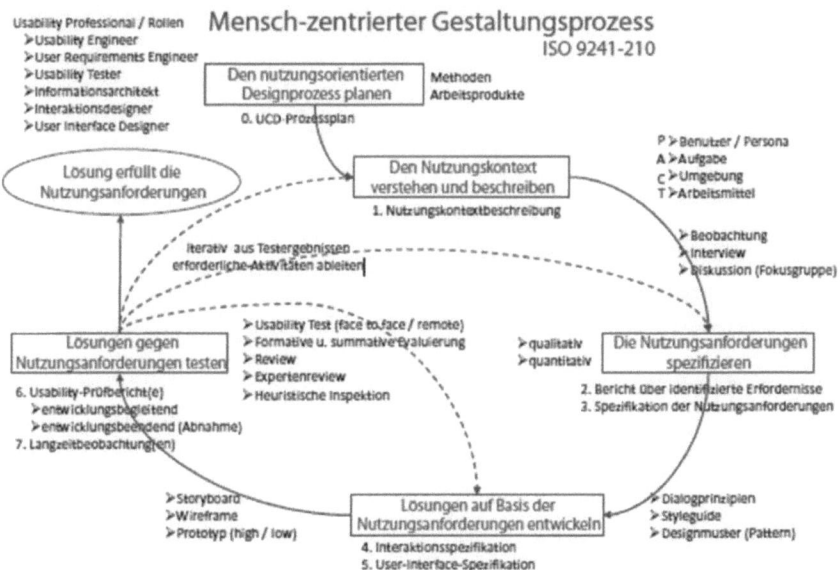

Abbildung 5: Mensch-zentrierter Gestaltungsprozess gemäß DIN ISO 9241-210, Quelle:
(Heimgärtner, 2017, S. 106)

Laut Heimgärtner sind Erklärungsmodelle für eine kulturell bedingte unterschiedliche
User Experience (UX) in der Literatur noch nicht hinreichend erfasst. Maßgebliche
kulturelle Unterschiede werden gemäß Heimgärtner in der Industrie hinsichtlich HCD
noch wenig berücksichtigt bzw. erkannt oder ausreichend erläutert (Heimgärtner, 2017,
S. 106).

2.6.3 Design Thinking

Die Methode des Design Thinking umfasst diverse Prinzipien, Methoden und Techniken
für die Definition von Nutzermerkmalen und der damit verbundenen Gestaltung von
nutzerorientierten Systemen. Hinsichtlich des HCD nutzen Entwickler Konzepte des HCI
sowie die damit verbundenen Standards und Gestaltungsvorgaben, weil spezifische
Aufgabenstellungen hinsichtlich Software-Entwicklungen schneller Resultate bedürfen
(Steimle und Wallach, 2018, S. 15-21).

HCD und Design Thinking basieren beide auf nutzerorientierter und menschenzentrierter
Gestaltung gemäß DIN ISO 9410-210. Für den Prozess des Design Thinking kommen
zudem weitere Stakeholder für den Entwicklungsprozess in Betracht, die in allen Ent-
wicklungsschritten der Produkt-Entwicklung mitberücksichtigt werden (Steimle und
Wallach, 2018, S. 15-21).

Die Norm DIN EN ISO 9241-210 kategorisiert den HCD-Prozess in vier Phasen. Zunächst muss der Nutzungskontext verstanden werden. Danach muss gemäß DIN ISO 9241-210 eine Definition der Nutzungsanforderungen erfolgen, um einen Entwurf für Design-Lösungen vorlegen zu können. Abschließend erfolgt eine Evaluation aller Design-Lösungen. Alle Phasen laufen iterativ und in kontinuierlicher Wiederholung statt bis ein optimales Resultat erreicht wurde. Das Design Thinking-Prinzip ist ähnlich konzipiert und wird in sechs Design-Phasen unterteilt (Steimle und Wallach, 2018, S. 15-21).

Die Definition und Analyse der Ausgangsituation ist bei HCD und Design Thinking ein wichtiger Prozess. Für die Analyse werden spezifische Merkmale und Tätigkeiten von Nutzern sowie der Nutzungskontext ermittelt. Für Entwickler ist es unabdingbar, Anforderungen und Wünsche der Nutzer zu kennen. Beide Entwicklungsprozesse nutzen Personas für die Analyse dieser Anforderungen und Wünsche, die hypothetische und dennoch spezifische Definitionen eines typischen Nutzers beinhalten. Mithilfe dieser Erkenntnisse lassen sich Erfahrungen mit Prototypen von Nutzern für die weitere Entwicklung verwenden und überprüfen (Steimle und Wallach, 2018, S. 15-21).

Auch wenn beide Methoden Ähnlichkeiten aufweisen, ist das Ziel jeweils verschieden. HCD verfolgt das Ziel, eine hohe Usability und UX sicherzustellen. Design Thinking konzentriert sich auf die Gestaltung von nutzerorientierten und innovativen Lösungen für komplexe Systeme. Lösungen müssen bei der Methode des Design Thinking innerhalb der technischen Möglichkeiten gefunden werden. Zudem müssen diese Lösungen ökonomisch bleiben (Steimle und Wallach, 2018, S. 15-21).

Der Bereich des Design Thinkings ist vielfältiger als der Bereich des HCD, weil sich HCD konkret auf das User Interface und damit verbundenen Fragen konzentriert. Bei Design Thinking handelt es sich um die Erstellung neuer Produkte und Dienstleistungen, die bestehende Konzepte in Frage stellt und neu aufstellt. Innerhalb des Design Thinking-Prozesses spielen Innovation und Kreativität eine größere Rolle als beim HCD. Zudem wird in Teams für Design Thinking mit interdisziplinär gearbeitet, d. h. die Gestaltung neuer Produkte und Dienstleistungen erfolgt mithilfe der Betrachtung durch diverse (auch nicht-technische) Fachbereiche (Steimle und Wallach, 2018, S. 15-21).

3 Methodik

3.1 Aktueller Forschungsstand HCI

Aktuelle Einblicke in den Forschungsstand zum Thema HCI geben die bei der 15. Konferenz HCI International ausgezeichneten Papiere internationaler Forscherteams, die im Nachfolgenden aufgeführt werden. Es werden ausschließlich die Studien beschrieben, die für die HCI von Bedeutung sind.

Das Arbeitspapier mit dem Thema „Ein Modell zur Regulierung ethischer Präferenzen in der Maschinenethik" der Autoren Baniasadi, Parent, Max und Cramer beschreiben, das ethische Dilemma, sich auf maschinelle Intelligenz zu verlassen und die Überwachung des Menschen zu reduzieren. Die Forscher beschreiben, dass die Standardisierung ethischer Theorien als eine der plausiblen Möglichkeiten, Maschinen ethische Dimensionen hinzuzufügen. Zudem erläutern die Forscher, dass regelbasierte und Konsequenzen-basierte ethische Theorien geeignete Kandidaten für die Maschinenethik sind. Die Forscher stellen zwei ethische Theorie (Deontologie und Utilitarismus) in Kombination vor, die eine Erweiterung des STIT (Seeing To It That)-Logik bedeutet (Baniasadi, Parent, Max und Cramer, 2018, S.).

Die Studie zu einem menschlichen Interface und dem Management von Informationen der Autoren Kauker, Hau und Iannello mit dem Titel „Eine Untersuchung zu Crowdwork, Machine Learning und Experten für die Extraktion von Informationen aus Daten" befasst sich mit der zunehmenden Nutzung von Daten für die Gewinnung von Erkenntnissen für ökonomische Zwecke. Maschinelle Lernmethoden haben laut Kauker, Hau und Iannello die Voraussetzungen geschaffen, Vor- und Nachteile der Daten-Extraktion zu verstehen und die gewonnenen Informationen auf Maschinen zu übertragen. Über einen Crowdwork-Ansatz bewerteten die Forscher die Bewertung von Laien zu Satellitenbildern und den damit verbundenen Standort von Wohnungen oder Unternehmen. Die Forscher konnten in ihrer Studie beweisen, dass im Crowdworking Potenzial für äquivalente Ergebnisse besteht, basierend auf möglichen Verbesserungen des Systems im Kontext mit der Vertrautheit des Benutzers mit der Aufgabe (Kauker, Hau und Iannello, 2018, S. 643-657).

Die Deutschen Forscher Brand und Schulte wurden zum Thema Ingenieurpsychologie und kognitive Ergonomie im Kontext mit HCI ausgezeichnet. Der Artikel der Forscher beschreibt und validiert ein Konzept eines Workload-adaptive Associate-Systems für Militärhubschrauber-Crews. Brand und Schulte verwendeten adaptive Automatisierung, um Helikopterpiloten bei Manned-Unmanned Team-Missionen zu unterstützen, bei denen die Besatzung eines bemannten Helikopters mehrere unbemannte Luftfahrzeuge aus dem Cockpit bedient. In dieser Studie wird ein kognitiver Agenten vorgestellt, der sich wie ein zusätzliches, künstliches Crewmitglied verhält. Der künstliche Agent passt das Unterstützungsniveau dynamisch an, indem er verschiedene Workload-angepasste Strategien für assistive Interventionen wählt, die von den freien mentalen Ressourcen der Crew abhängig sind. Um den Prototyp zu evaluieren, führten die Forscher eine umfangreiche Pilot-in-the-Loop-Kampagne durch und analysierten Situationen von 'Beinahe-Unfällen', bei denen das assoziierte System menschliches Fehlverhalten korrigiert (Brand und Schulte, 2018, S. 3-18).

Die Forscher Florian von Zabiensky, Michael Kreutzer, and Diethelm Bienhaus erhielten ebenfalls einen Best Paper Award, der sich mit dem Thema Ultraschallwellen zur Unterstützung der menschlichen Echo-Ortung im Kontext mit HCI befasst. In dieser Arbeit werden ein neues Gerät und Verfahren vorgeschlagen, um ein akustisches Bild der Umgebung zu erhalten. Es kann als elektronische Hilfe für Sehbehinderte oder Blinde eingesetzt werden. Der Beitrag präsentiert aktuelle Methoden zur menschlichen Echo-Ortung und aktuelle Forschung zu elektronischen Hilfsmitteln. Es beschreibt auch die technischen Grundlagen und die Implementierung des akustischen Hochauflösungsultraschallsonars, gefolgt von einer ersten Bewertung des Geräts. Der Beitrag schließt mit einer Diskussion und einem Vergleich zu klassischen Methoden der aktiven menschlichen Echo-Ortung (von Zabiensky, Kreutzer und Bienhaus, 2018, S. 433-449).

Im Bereich Virtual, Augmented und Mixed Reality (VR, AR und MR) im Kontext mit HCI wurden die Forscherinnen Streppel, Pantförder und Vogel-Heuser mit der Auszeichnung für die beste wissenschafliche Arbeit im Rahmen der 15. HCI International 2018 ausgezeichnet. Das Papier mit dem Titel „Interaktion in virtuellen Umgebungen - Wie man die Umgebung unter Verwendung von VR-Brillen auf immersive Weise steuert" befasst sich mit Nicht nur in der Gaming-Branche ist Virtual Reality (VR) der neue Weg, um Anwendern ein neues Erlebnis zu bieten - im Engineering oder im Produktionsbetrieb sehen wir auch erste Ansätze, um innovative Wege der Datenvisualisierung oder Schulung von Anlagenpersonal zu finden. Dies ist notwendig, weil die Prozesse durch höhere Vernetzung und Flexibilität immer komplexer werden. Dieser Artikel stellt die tatsächlichen Möglichkeiten der Interaktion mit einer virtuellen Umgebung vor und bietet drei Konzepte für immersive Interaktion. Am Ende des Artikels zeigen die Forscherinnen zudem die Ergebnisse einer Bewertung dieser Konzepte (Streppel, Pantförder und Vogel-Heuser, 2018, S. 183-201).

Auch Forscher der Universität Peking wurden im Kontext mit HCI im Bereich Cross-Cultural Design ausgezeichnet. Die Arbeit der Forscher Hou, Chen, Li and Zhou befasst sich mit der benutzerdefinierten augenbewegungsbasierten Interaktion für virtuelle Realität und Die meisten Anwendungen der Augenbewegungs-basierten Interaktion in der VR beschränken sich auf das Blinzeln und den Blick auf die Gegenwart, jedoch wurden Blickgesten vernachlässigt. Daher ist das Potenzial der auf Augenbewegungen basierenden Interaktion in der VR weit davon entfernt, realisiert zu werden. Darüber hinaus haben viele Wissenschaftler versucht, einige spezielle Augenbewegungen als Eingabeanweisungen zu definieren, aber diese Definitionen sind fast immer empirisch und vernachlässigen die Gewohnheiten und den kulturellen Hintergrund der Benutzer. In diesem Artikel konzentrieren wir uns darauf, wie chinesische Benutzer in VR mit Augenbewegungen interagieren, ohne auf eine grafische Benutzeroberfläche angewiesen zu sein. Die Forscher stellen eine Studie vor, die sich auf intuitive, auf Augenbewegungen basierende Interaktion von üblichen Befehlen in 30 Aufgaben von 3 Kategorien in VR konzentriert. Insgesamt wurden 360 Augenbewegungen von 12 Benutzern gesammelt und ein Konsensus-Satz von Augenbewegungen in der VR, der am besten der Wahrnehmung des Benutzers entsprach, ermittelt. Dieser Konsensus-Satz kann auf das Design für auf Augenbewegungen basierende Interaktion in VR angewendet werden, um Designern zu helfen, nutzerzentrierte und intuitive, auf Augenbewegungen basierende Interaktion in VR zu entwickeln (Hou, Chen, Li und Zhou, 2018, S. 18-30).

Die Hongkonger Forscher Shu, Wang, Gu und Wagner befassen sich in ihrer experimentellen Studie mit der Steigerung des Zuschauerinteresses durch immersive 360-Grad-Videos. Die Verwendung von 360-Grad-Videos zur Einbeziehung von Zuschauern in verschiedenen Kontexten nimmt zu. Während 360-Grad-Videos das Potenzial haben, bei der Verbesserung des Zuschauererlebnisses neue Werte zu schaffen, verringern sie häufig das Engagement der Zuschauer, indem sie in einer immersiven Umgebung für Reisekrankheit sorgen. Trotz wachsender wissenschaftlicher und praktischer Aufmerksamkeit für die Effekte durch 360-Videos auf das Engagement der Zuschauer bleibt die Frage, wie diese Effekte mithilfe von 360-Grad-Videos verbessert werden können, unbeantwortet. Daher untersuchte diese Studie die Auswirkungen verschiedener Darstellungsarten und Darstellungsfelddynamik auf das Publikumsinteresse unter Verwendung von Daten, die von 60 Probanden während eines Laborexperiments gesammelt wurden. Die Ergebnisse zeigen, dass das Seherlebnis eines Publikums in einer immersiven Umgebung durch die gemeinsamen Effekte von Anzeigetypen und Darstellungsfelddynamik beeinflusst wird. Durch die Erklärung der Mechanismen, mit denen sich die Zuschauer mit 360-Grad-Videos beschäftigen, trägt diese Studie dazu bei, frühere widersprüchliche Ergebnisse hinsichtlich der Auswirkungen immersiver Technologie auf das Engagement der Zuschauer zu lösen (Suh, Wang, Gu und Zhou, 2018, S. 425-443).

Die Forscher Moreno und Zuanon befassen sich in ihrer Studie mit Game Design und Neuroscience Cooperation: Perspektiven zur Reduzierung der Cybersickness bei Head Mounted Displays. Die Studie befasst sich mit der Cybersickness, die eine Reihe von Symptomen, die denen der Reisekrankheit ähneln, umfasst und die eine beträchtliche Anzahl von Benutzern betrifft und derzeit als eines der Haupthindernisse für Helme der virtuellen Realität auf dem Markt gilt. Im Mittelpunkt dieser Arbeit steht die Verschmelzung der Wissensgebiete Neurowissenschaft und Spieledesign als Strategie zur Abschwächung der Symptome des Cyberskills. Es stellt die Ergebnisse eines Experiments dar, das mit zwei Gruppen von Freiwilligen durchgeführt wurde. Die Resultate der Forscher Moreno und Zuanon untermauern die sensorische Umlagerungstheorie und weisen auf die Art von Design hin, die die Symptome von Cybersickness auslösen können (Moreno und Zuanon, 2018, S. 309-325).

Im Bereich Design, User Experience, und Usability im Kontext mit HCI wurde die Studie des Forschers Huang mit dem Titel „Eine Methode zum Auswerten der visuellen Aufmerksamkeit des Benutzers beim Verschieben von Objekten in Head Mounted Virtual Reality" ausgezeichnet. Huang befasst sich in seiner Studie mit Virtual-Reality-Spielen, -Filmen und -Awendungen, die die herkömmliche Semantik und die Design-Prinzipien vor neue Herausforderungen stellen, da Nutzern im 6-DOF-Head-Mounted-Display (HMD) mehr räumliche Freiheit geboten wird. Das von Huang konzipierte Modell basiert auf einem Datensatz, der von 10 Benutzern in einer 50 Sekunden langen Virtual Reality-Erfahrung auf HTC Vive gesammelt wurde. In dieser Studie werden insbesondere drei Faktoren als Hauptparameter betrachtet, die die Aufmerksamkeit des Publikums beeinflussen: die Distanz zwischen Objekt und Betrachter, die Geschwindigkeit der Bewegung von Objekten und die Richtung des Objekts in Richtung (Huang, 2018, S. 406-416).

Im Bereich verteilter, umgebungsbedingter und pervasiver Interaktionen im Kontext von HCI wurde die Forscherin Davis ausgezeichnet. Die Studie mit dem Titel „Berührung:

Die Kommunikation von Emotionen mithilfe von Computer-Textilien" befasst sich mit der menschlichen Interaktion über ein Textil mit Computerfunktionen, das auf der Haut aufgebracht ist. Die Forscherin beschreibt in ihrer Studie, dass die Berührung eines Computertextils auf menschlicher Haut Potenziale birgt, die Beziehungen zwischen Ambiente, Emotion und Computertechnik zu untersuchen. Informationen, die über die menschliche Haut übertragen werden sind multimodal und liefern Informationen über Körper-Temperatur, Feuchtigkeit, Schärfe, Glätte, Position und Bewegungen. Die Forscherin beschreibt eine Kommunikationsform, die es ermöglicht, die Mensch-Maschine-Kommunikation mithilfe von Computer-Textilien, die auf menschliche Sprache reagieren, zu erleichtern (Davis, 2018, S. 292-309).

Im Bereich HCI in Business, Regierung und Organisationen wurden die Forscher Derrick und Elson ausgezeichnet. Die Studie der beiden Forscher mit dem Titel „ Das NEON-Framework für Trainingstechnologien" befasst sich mit der Evaluation von Trainingstechnologien und konkreten Trainingsmöglichkeiten, um Stärken und Schwächen von Evulationsverfahren zu identifizieren und deren Wirksamkeit zu beurteilen. Die Forscher beschreiben in ihrer Studie, dass dies keine triviale Aufgabe ist und dass sich Evaluierungsverfahren zu sehr auf Usability-ähnliche Kriterien und oberflächliche Aspekte beziehen. Die Forscher stellen in ihrer Studie einen ganzheitlichen Rahmen für Evaluationsaktivitäten vor, der auf vier verschiedenen Dimensionen basiert und herkömmliche Evaluationsverfahren verkürzen kann. Ein besonderer Schwerpunkt des Rahmens liegt in der gegenseitigen Abhängigkeit zwischen Evaluationsdimensionen und Evaluationsverfahren (Derrick und Elson, 2018, S. 256-265).

3.2 Aktueller Forschungsstand HCI im Automotive-Bereich

Die hier vorgestellten Studien wurden aus den Conference Proceedings der Automotive UI 2015 bis 2017 entnommen.

Die Studie der Forscher Ahmad, Godsill, Skrypchuk, Lee, Langdon, und Hardy aus dem Jahr 2014 mit dem Titel „Intelligenter In-Vehicle Touchscreen mit der Intention, Ablenkungen für den Nutzer zu reduzieren – eine Pilotstudie" befasst sich mit intentionsbewussten Anzeigen. Diese zielen darauf ab, die Aufgabe der Auswahl eines auf einem fahrzeuginternen Touchscreen angezeigten Symbols durch eine freihändig ausgeführte Geste zu vereinfachen und zu beschleunigen, um Ablenkungen zu minimieren. Dies wird erreicht, indem die Benutzerabsicht mit hoher Zuverlässigkeit, insbesondere zu Beginn der Zeigegeste, genau definiert wird. Die Studie der Forscher beschreibt Vorteile der Verwendung der absichtsbewussten Anzeigelösung durch eine

Bewertung der Arbeitsbelastung, die mit der Nutzung einer interaktiven Fahrzeuganzeige verbunden ist, und eine Analyse des Zeitraums, der benötigt wird, um die ausgeführten Zeigeaufgaben mit und ohne Absichtsvorhersage-Möglichkeit auszuführen. Die präsentierten Ergebnisse basieren auf Daten, die in einem automatisierten Fahrzeug von 18 Probanden gesammelt wurden. Die Daten demonstrieren, dass eine zielgerichtete Anzeige die Arbeitslast / den Aufwand eines In-Vehicle-Touchscreens halbiert und die Dauer einer Zeigeaufgabe um mehr als 20 % signifikant reduziert (Ahmad, Godsill, Skrypchuk, Lee, Langdon, Patrick und Hardy, 2014, S. 2-7).

Die Studie der Forscher Brand, Meschtscherjakov und Büchele beschreiben in ihrer Studie aus dem Jahr 2016 mit dem Titel: „Auf den HUD zeigen: Gesten-Interaktion mit springenden Bewegungen", dass es nicht einfach ist, HUDs mit Gesten zu manipulieren, weil sie hinter der Windschutzscheibe positioniert sind. Die Forscher haben eine Simulator-Studie mit zwei Varianten eines vereinfachten HUD durchgeführt. Ein HUD umfasste drei Segmente und der zweite vier Segmente. In der Studie konnte bewiesen werden, dass der HUD mit 3 Segmenten dem 4-Segment-HUD hinsichtlich Interaktionszeit und Fehlerrate überlegen war. Zudem konnten die Forscher beweisen, dass eine Interaktion mit diesem HUD mit dem Zeigefinger der rechten Hand möglich war (Brand, Meschtscherjakov und Büchele, 2016, S. 167-172).

Die Forscher Broy, Alt, Schneegass und Pfleging befassten sich in ihrer Studie aus dem Jahr 2014 mit 3D-Displays in Fahrzeugen. Die Studie trägt den Titel „3D-Displays in Fahrzeugen: Erforschen der Benutzerleistung mit einem stereoskopischen Instrumentencluster" und befasst sich mit dem sicherheitskritischen Aspekt der Anwendung von 3D-Displays in Fahrzeugen und überprüft wie der Einsatz von stereoskopischen 3D-Visualisierungen die Nutzerleistung beeinflusst. Für die Überprü-fung führten die Forscher eine Studie mit 56 Probanden durch. Es wurden diverse Visualisierungen (2D und 3D) und Komplexitäten (leicht bis schwer) und zwei verschiedene 3D-Display-Technologien (Verschluss vs. Autostereoskopie) eingesetzt. Die Probanden mussten die räumlichen Beziehungen zwischen UI-Elementen schildern und auf Popup-Anweisungen (erwartete und unerwartete Ereignisse) reagieren. Die Resultate dieser Studie zeigten, dass stereoskopische Instrumentencluster in 3D-Displays die Genauigkeit von erwarteten Resultaten erhöht und den für unerwartete Resultate verringert. Gleichzeitig konnte bewiesen werden, dass die Attraktivität der Schnittstelle erhöht wurde (Broy, Alt, Schneegass und Pfleging, 2014, S. 1-9).

Die Forscher Georgiu, Biscione, Harwood, Griffiths, Giordano, Long und Carter befassen sich in ihrer Studie „Haptische Gestensteuerung im Fahrzeug" im Jahr 2017 mit der Gestensteuerung von fahrzeuginternen Infotainment-Systemen (IVISs), die das Unfall-Risiko verringern sollen. Die Forscher beschreiben in ihrer Studie, dass bisher ein taktile Rückmeldung für die Gestensteuerung fehlt, die zu einem Gefühl der verringerten Kontrolle bei Nutzern führt. Die Forscher beschreiben in ihrer Studie eine neue Technologie, die diesem Problem durch die Nutzung von fokussiertem Ultraschall begegnet (Georgiu, Biscione, Harwood, Griffiths, Giordano, Long, Ben und Carter, 2017, S. 233-238).

Die Forscher Haeuslschmid, Shou, O'Donovan, Burnett, und Butz beschäftigen sich in ihrer Studie aus dem Jahr 2016 mit ersten Schritten in Richtung eines View-Management-Konzepts für großformatige Head-Up-Displays mit kontinuierlicher Tiefe. Die Studie befasst sich mit Windschutzscheiben-Displays (WSDs), die die gesamte Windschutzscheibe von Fahrzeugen abdecken soll. Das wirft Fragen hinsichtlich der Inhalte auf. Die Forscher demonstrieren in ihrer Studie ein View-Management-System für linksfahrende Fahrzeuge, dass spezifische Zonen und Bereich für die Anzeige vorschlägt. Bei der Entwicklung des View-Management-Systems standen bei den Forschern menschliche Wahrnehmungsfähigkeiten im Fokus. In einer Umfrage sammelten die Forscher die Bedürfnisse und Wünsche von Fahrern hinsichtlich eines View-Management-Systems und der Positionierung im Fahrzeug. Die Phantasie der Probanden wurde durch eine 3D-Fahrszene und WSD-Informationen auf einem Google-Cardboard angeregt. Das in dieser Studie vorgestellte Konzept eines View-Management-Systems respektiert die Bedürfnisse von Fahrern und kann als Grundlage für künftige View-Management-Modelle für WSD dienen (Haeuslschmidt, Shou, O'Donovan, Burnett, und Butz, 2016, S. 1-8).

Die Forscher Long, Burnett, Hardy und Allen befassten sich in ihrer Studie aus dem Jahr 2015 mit der Tiefenunterscheidung zwischen Augmented Reality und Real-World Targets für Fahrzeug Head-Up Displays. Die Forscher fügten in ihrer Studie einer realen Umgebung virtuelle Grafiken, Geräusche und Daten hinzu. Nach Aussage der Forscher, werden künftige HUDs in Fahrzeugen AR-Bilder in unterschiedlicher Tiefe für Informationen an den Fahrer abbilden. Damit diese Bilder korrekt positioniert werden können, ist es erforderlich zu eruieren, an welchem Punkt das virtuelle Bild in der Tiefe von einem realen Objekt unterschieden werden kann. In der Studie entschieden 40 Probanden anhand einer zweifach erzwungenen psycho-physischen Tiefenbeurteilungs-

Aufgabe, ob ein AR-Bild (ein grüner Diamant) jeweils vor oder hinter einem statischen Fußgänger auftaucht. Die Tiefenschwellen für das AR-Bild wurden mit dem Fußgängerziel in 5 m, 10 m, 20 m und 25 m und an sechs Stellen relativ zum Fußgänger getestet. Das AR-Bild wurde auf verschiedenen Höhen im Sichtfeld (über, Mitte und unterhalb des realen Ziels) und über die horizontale Ebene (links, Mitte, rechts vom realen Ziel) dargestellt. Die Teilnehmer gaben an, dass das AR-Bild vor dem Ziel und nicht hinter dem Ziel präsentiert wurde. Übereinstimmend mit früheren Befunden wurden keine allgemeinen Auswirkungen von Höhe oder horizontaler Position gefunden. Die Tiefenschwellen skalieren mit Abstand, d. h. mit größeren Schwellen in weiten Entfernungen. Die Ergebnisse zeigten auch große individuelle Unterschiede und langsame Antwortzeiten (über 2,5 Sekunden im Durchschnitt), was auf Schwierigkeiten bei der Beurteilung von AR in der Tiefe hindeutet. Die Forscher sprechen in ihrer Studie Empfehlungen für die Positionierung eines HUD-Bildes in der Tiefe aus (Long, Burnett, Hardy und Allen, 2015, S. 72-79).

Die Forscher, May, Gable, Thomas und Walker befassen sich in ihrer Studie aus dem Jahr 2017 mit dem Entwurf von fahrzeuginternen Luftbewegungssets unter Verwendung von Erhebungsmethoden. In-Air-Gesten sind eine neue Technologie für automatisierte Fahrzeuge. Die Forscher beschreiben in ihrer Studie, dass Nutzer noch über wenig Erfahrung mit Interaktionen im Fahrzeug verfügen und dass Systeme für In-Air-Gesten daher eine hohe Benutzerfreundlichkeit aufweisen müssen. Die Forscher präsentieren in ihrer Studie zwei neuartige partizipative Aktivitäten. Probanden dieser Studie konnten diese in Relation zur Arbeitsbelastung während des Fahrens beurteilen. Die Forscher stellen abschließend ein Gesten-Set für die Anwendung in automatisierten Fahrzeugen vor (May, Gable, Thomas und Walker, 2017, S. 74-83).

Die Forscher Roider, Rümelin, Pfleging und Gross stellten in ihrer Studie aus dem Jahr 2017 die Auswirkungen situationsbezogener Anforderungen auf den Blick-, Sprach- und Gesten-Input im Fahrzeug dar. Die Forscher beschreiben, dass komplexe Fahrsituationen zusätzliche Anforderungen an den Fahrer stellen. Daher bewerteten sie die spezifischen Auswirkungen von situativen Anforderungen auf Blick-, Gesten- und Spracheingabe bezüglich der Fahrleistung, Interaktionseffizienz und subjektiven Bewertungen der Fahrsituation. Die Forscher führten einen Test mit 29 Probanden in einem Fahrsimulator durch. Dieser Test ergab eine signifikante Wechselwirkung von situativer Anforderung und der Eingabemodalitäten. Die Forscher sprechen in ihrer Studie abschließend Empfehlungen für diese Eingabemodalitäten aus (Roider, Rümelin, Pfleging und Gross, 2017, S. 94-102).

Die Forscher Sterkenburg, Landry und Myounghoon befassten sich in ihrer Studie im Jahr 2017 mit der augenfreien Gestensteuerung im Fahrzeug. Die Forscher beschreiben, dass visuelle Ablenkungen das Unfallrisiko während der Fahrt erhöhen können. Die Studie der Forscher konzentrierte sich auf die Entwicklung eines Systems zur Kontrolle der Luftgestik, die weniger anspruchsvoll ist als Infotainment-Systeme. Die Forscher führten ein Experiment mit 24 Probanden durch, bei denen jeweils eine simulierte Fahrt mit sechs verschiedenen Prototypen durchgeführt wurde. Die primären Forschungsfragen waren der Einfluss von Kombinationen visueller und auditiver Darstellungen (visuell, visuell / auditiv, auditiv) und der Kontrollorientierung (vertikal vs. horizontal). Die Forscher erfassten Spurabweichungen, Blickverhalten, sekundäre Aufgabenleistung und Fahrerarbeitsbelastung. Die Resultate ergaben, dass alle Prototypen bei Spurabweichungen eine vergleichbare Leistung zeigten. Ein genauerer Blick zeigte einen Kompromiss zwischen Augen-auf-Straße-Zeit und sekundärer Aufgaben-Vervollständigungszeit für die Nur-Hör-Anzeige als sicherste, aber langsamste Variante unter den sechs Prototypen. Die Forscher konnten beweisen, dass die Nur-Hör-Funktion die Gesamtarbeitsbelastung der Fahrer reduzierte (Sterkenburg, Landry und Myounghoon, 2017, S. 195-200).

Wie sich aus den Studien der Automotive UI der Jahre 2014 bis 2017 ablesen lässt, werden Technologien hinsichtlich Gesten- und Kopfsteuerung in automatisierten Fahrzeugen für HUDs und WDs immer weiter verfeinert.

III Literaturverzeichnis

Ahmad, Bashar I.; Godsill, Simon, J.; Skrypchuk, Lee; Langdon, Patrick M. und Hardy, Robert (2014): Intelligent In-Vehicle Touchscreen Aware of the User Intent for Reducing Distractions: A Pilot Study. In: Conference Proceedings Automotive UI 2015, S. 2-7, DOI: http://dx.doi.org/10.1145/2809730.2809743.

Baniasadi, Zohreh; Parent, Xavier; Max, Charles und Cramer, Marcos (2018): A Model for Regulating of Ethical Preferences in Machine Ethics. In: Kurosu M. (eds) Human-Computer Interaction. Theories, Methods, and Human Issues. HCI 2018. In: Lecture Notes in Computer Science, Vol. 10901, S. 481-506, DOI: https://doi.org/10.1007/978-3-319-91238-7_39.

Becker, Dieter; Pawelke, Moritz und Dodd, Aline (2018): KMPG Global Automotive Executive Survey, Düsseldorf: KMPG.

Blake, Christopher (2013): Eye-Tracking: Grundlagen und Anwendungsfelder, In: Möhring, Wiebke und Schlütz, Daniela (Hrsg.) (2013): Handbuch standardisierte Erhebungsverfahren in der Kommunikationswissenschaft, Wiesbaden: Verlag für Sozialwissenschaften (VS).

Brand, Daniel; Meschtscherjakov, Alexander und Büchele, Kevin (2016): Pointing at the HUD: Gesture Interaction Using a Leap Motion, In: Conference Proceedings Automotive UI 2017, Oldenburg, DOI: http://dx.doi.org/10.1145/3004323.3004343.

Brand, Yannick und Schulte, Axel (2018): Design and Evaluation of a Workload-adaptive Associate System for Cockpit Crews. In: Harris D. (Hrsg.): Engineering Psychology and Cognitive Ergonomics. EPCE 2018. Lecture Notes in Computer Science, Vol.: 10906 Cham: Springer, S. 3-18, DOI: https://doi.org/10.1007/978-3-319-91122-9_1.

Broy, Nora; Alt, Florian; Schneegass, Stefan und Pfleging, Bastian (2014): 3D Displays in Cars: Exploring the User Performance for a Stereoscopic Instrument Cluster. In: Conference Proceedings Automotive UI 2014, Washington: Seattle, DOI: http://dx.doi.org/10.1145/2667317.2667319.

Cadillac User Experience (UX) (2018): Cadillac User Experience (UX), https://www.cadillac.com/index/ownership/technology/cue-features.html, Zugriff am: 29.10.2018.

Chen, Fang und Zhou, Lianjong (2017): Robust Multimodal Cognitive Load Measurement, Wiesbaden: Springer-Gabler.

Continental (2018): Digitales Spiegelsystem, https://www.continental-automotive.com/en-gl/Passenger-Cars/Chassis-Safety/Advanced-Driver-Assistance-Systems/Driving-Functions/Mirror-Replacement, Zugriff am: 21.10.2018.

Davis, Felecia (2018): Touch: Communication of Emotion Through Computational Textile Expression. In: Streitz, N. und Konomi S. (Hrsg.): Distributed, Ambient and Pervasive Interactions: Technologies and Contexts. DAPI 2018. In: Lecture Notes in Computer Science, Vol. 10922, S. 292-309, DOI: https://doi.org/10.1007/978-3-319-91131-1_23.

Dörner, Ralf; Broll, Wolfgang; Grimm, Paul und Jung, Bernard (2014): Virtual und Augmented Reality (VR / AR): Grundlagen und Methoden der Virtuellen und Augmentierten Realität, Wiesbaden: Springer Vieweg.

EasyPASS (2018): EasyPASS, das Gesichtserkennungsverfahren für die Grenzkontrolle, https://www.easypass.de/EasyPass/DE/Was_ist_EasyPass/home_node.html, Zugriff am: 08.10.2018.

FitzGerald, Maurice und FitzGerald, Peter (2017): Customer Experience Strategy - Design & Implementation: Outgrow your competitors by making your business to business customers happier (Customer Strategy, Band 1), Zürich: SBVV.

Georgiu, Orestis; Biscione, Valerio; Harwood, Adam; Griffiths, Daniel; Giordano, Marcello; Long, Ben und Carter, Tom (2017): Haptic In-Vehicle Gesture Controls. In: Conference Proceedings Automotive UI 2017, Oldenburg, DOI: https://doi.org/10.1145/3131726.3132045.

Gotzig, Heinrich und Geduld, Georg (2015): LIDAR-Sensorik. In: Winner, Herrmann; Hakuli, Stephan; Lotz, Felix und Singer, Christina (2015): Handbuch Fahrassistenzsysteme, Wiesbaden: Springer Vieweg.

Guo, Minghao; Lu, Jiwen und Zhou, Jie (2018): Dual-Agent Deep Reinforcement Learning for Deformable Face Tracking. In: Computer Vision – ECCV 2018, 15th European Conference, Munich, Germany, September 8-14, 2018, Conference Proceedings, Part X, Wiesbaden: Springer.

Haeuslschmid, Renate; Shou, Yixin; O´Donovan, John; Burnett, Gary und Butz, Andreas (2016): First Steps towards a View Management Concept for Large-sized Head-up Displays with Continuous Depth. In: Conference Proceedings Automotive UI 2016, Michigan: Ann Arbor. DOI: http://dx.doi.org/10.1145/3003715.3005418.

Heimgärtner, Rüdiger (2017): Usability-Engineering In: Heimgärtner, Rüdiger (2017): Kulturelles User Interface Design, Wiesbaden: Springer Vieweg.

Hou, Wen-jun; Chen, Kai-xiang; Li, Hao und Zhou, Hu (2018): User Defined Eye Movement-Based Interaction for Virtual Reality. In: Conference Proceedings 15th HCI International, Cham: Springer, S. 18-30, DOI: https://doi.org/10.1007/978-3-319-92141-9_2.

Huang, Shi (2018): A Method of Evaluating User Visual Attention to Moving Objects in Head Mounted Virtual Display. In: Marcus A., Wang W. (Hrsg.): Design, User Experience, and Usability: Theory and Practice. DUXU 2018. In: Lecture Notes in Computer Science, Vol. 10918. Cham: Springer, S. 406-416, DOI: https://doi.org/10.1007/978-3-319-91797-9_29.

Kapros, Evangelos und Koutsombogera, Maria (2018): Designing for the User Experience in Learning Systems (Human–Computer Interaction Series), Wiesbaden: Springer-Gabler.

Kauker, Fabio; Hau, Kayan und Iannello John (2018): An Exploration of Crowdwork, Machine Learning and Experts for Extracting Information from Data. In: Yamamoto S. und Mori H. (Hrsg.): Human Interface and the Management of Information. Interaction, Visualization, and Analytics. HIMI 2018. In: Lecture Notes in Computer Science, Vol. 10904, Springer, Cham, S. 643-657, DOI: https://doi.org/10.1007/978-3-319-92043-6_51.

Long, Mike; Burnett, Gary; Hardy, Robert und Allen, Harriet (2015): Depth Discrimination between Augmented Reality and Real-World Targets for Vehicle Head-Up Displays, In: Conference Proceedings Automotive UI 2015, Nottingham. DOI: http://dx.doi.org/10.1145/2799250.2799292.

May, Keenan R.; Gable, Thomas M. und Walker, Bruce N. (2017): Designing an In-Vehicle Air Gesture Set Using Elicitation Methods. In: Conference Proceedings Automotive UI 2017, Oldenburg. DOI: https://doi.org/10.1145/3122986.3123015.

Meixner, Gerrit und Müller, Christian (2017): Automotive User Interfaces: Creating Interactive Experiences in the Car, Wiesbaden: Springer-Gabler.

Microsoft Hololens (2018): Microsoft Hololens, https://www.microsoft.com/de-de/hololens, Zugriff am: 08.10.2018.

Mörbe, M. (2015): Fahrdynamiksensoren für Fahrassistenzsysteme (FAS). In: Winner, H.; Hakuli, S.; Lotz F. und Singer C. (2015): Handbuch Fahrassistenzsysteme, Wiesbaden: Springer Vieweg.

Moreno Felipe und Zuanon Rachel (2018): Game Design and Neuroscience Cooperation: Perspectives to Cybersickness Reduction in Head Mounted Displays Experiences. In: Duffy V. (Hrsg.): Digital Human Modeling. Applications in Health, Safety,

Ergonomics, and Risk Management. DHM 2018. In: Lecture Notes in Computer Science, Vol. 10917, S. 308-325, Cham: Springer, DOI: https://doi.org/10.1007/978-3-319-91397-1_26.

NET-A-PORTER (2019: Net-a-porter, https://www.net-a-porter.com/gb/en/, last access: 03.03.2019.

Norman, Kent L. (2017): Cyberpsychology: An Introduction to Human-Computer Interaction, Cambridge: Cambridge University Press.

Reich, Siegfried (2013): Human Computer Interaction (HCI), In: HMD - Praxis der Wirtschaftsinformatik, Heft 294, Wiesbaden: Springer.

Rogers, Yvonne und Sharp, Helen (2015): Interaction Design: Beyond Human-Computer Interaction, London: Wiley.

Roider, Florian; Rümelin, Sonja; Pfleging, Bastian und Gross, Tom (2017): The Effects of Situational Demands on Gaze, Speech and Gesture Input in the Vehicle. In: Conference Proceedings Automotive UI 2017, Oldenburg. DOI: https://doi.org/10.1145/3122986.3122999.

Scherpen, F.; Draghici, A. und Niemann, J. (2017): Customer Experience Management to Leverage Customer Loyalty in the Automotive Industry, In: Procedia, Social and Behavioral Sciences, S. 374-380, DOI: https://doi.org/10.1016/j.sbspro.2018.04.014.

Steimle, Toni und Wallach, Dieter (2018): Collaborative UX Design: Lean UX und Design Thinking: Teambasierte Entwicklung menschzentrierter Produkte, Heidelberg: dpunkt.

Sterkenburg, Jason; Landry, Stephen und Myounghoon, Jeon (2017): Eyes-free In-vehicle Gesture Controls: Auditory-only Displays Reduced Visual Distraction and Workload. In: Conference Proceedings Automotive UI 2017, S. 195-200. DOI: https://doi.org/10.1145/3131726.3131747.

Straßenverkehrsordnung (StVO) (2013): Straßenverkehrsordnung (StVO), https://www.gesetze-im-internet.de/stvo_2013/StVO.pdf, Zugriff am: 21.10.2018.

Streppel, Barbara; Pantförder, Dorothea und Vogel-Heuser, Birgit (2018): Interaction in Virtual Environments – How to Control the Environment by Using VR-Glasses in the Most Immersive Way. In: Chen J., Fragomeni G. (eds): Virtual, Augmented and Mixed Reality: Interaction, Navigation, Visualization, Embodiment, and Simulation. VAMR 2018. Lecture Notes in Computer Science, Vol. 10909. Cham, Springer, S. 183-201, DOI: https://doi.org/10.1007/978-3-319-91581-4_14.

Suh, Ayoung; Wang, Guan; Gu, Wenying und Wagner, Christian (2018): Enhancing Audience Engagement Through Immersive 360-Degree Videos: An Experimental Study. In: Schmorrow D. und Fidopiastis C. (Hrsg.): Augmented Cognition: Intelligent Technologies. AC 2018. Lecture Notes in Computer Science, Vol. 10915, Cham: Springer, S. 425-443, DOI: https://doi.org/10.1007/978-3-319-91470-1_34.

Von Zabiensky, Fabian; Kreutzer, Michael und Bienhaus, Diethelm (2018): Ultrasonic Waves to Support Human Echolocation, In: Antona, M. und Stephanidis C. (Hrsg.): Universal Access in Human-Computer Interaction. Methods, Technologies, and Users. UAHCI 2018. Lecture Notes in Computer Science, Vol. 10907, Cham: Springer, S. 433-449, DOI: https://doi.org/10.1007/978-3-319-92049-8_31.

Weyers, Benjamin und Bowen, Judy (2017): The Handbook of Formal Methods in Human-Computer Interaction, Wiesbaden: Springer-Gabler.

Winner, H. (2015): Radarsensorik. In: Mauer, M.; Gerdes, J. C.; Lenz, B. und Winner, H. (2015): Autonomes Fahren, Wiesbaden: Springer Vieweg.